Este livro pertence a:

_____

© 2010 Ciranda Cultural Editora e Distribuidora Ltda.
Produção: Ciranda Cultural
Colaboração: Ana Paula Aragão
Ilustrações: Sanjay Dhiman

3ª Edição em 2021
6ª Impressão em 2025
www.cirandacultural.com.br
Todos os direitos reservados. Nenhuma parte desta publicação pode ser reproduzida, arquivada em sistema de busca ou transmitida por qualquer meio, seja ele eletrônico, fotocópia, gravação ou outros, sem prévia autorização do detentor dos direitos, e não pode circular encadernada ou encapada de maneira distinta daquela em que foi publicada, ou sem que as mesmas condições sejam impostas aos compradores subsequentes.

Minhas queridas Histórias bíblicas

Sumário
Antigo Testamento

A Criação
08

A Arca de Noé
16

José
24

Moisés
32

Rute
40

Davi
48

Daniel
56

Jonas
64

Novo Testamento

O Nascimento
de Jesus
72

Jesus e seus
Discípulos
80

Jesus e seus
Milagres
88

A Multiplicação
dos Pães e Peixes
96

O Filho Perdido
104

A Última Ceia
112

Morte e
Ressurreição
de Cristo
120

A Criação

Há muito, muito tempo, existia apenas Deus. Foi quando Ele criou os céus e a terra. Como havia apenas uma grande escuridão por toda parte, Deus disse:

– Haja luz.

E a luz apareceu para iluminar. Então, Deus separou a claridade da escuridão, criando o dia e a noite. Esse foi o primeiro dia que existiu.

No segundo dia, Deus criou o céu azul e, no terceiro, os mares, separando-os da parte seca. Sobre a terra, Ele pôs plantas de todos os tipos. Em seguida, disse:

– Que sobre a terra cresçam as plantas, e que cada uma produza sua semente. As árvores frutíferas produzirão frutas, que também terão sementes, para perpetuar a espécie.

Assim, as plantas passaram a nascer, crescer e se desenvolver.

No quarto dia, Deus colocou no céu o Sol e a Lua, para separar o dia e a noite e determinar tempos diferentes na Terra, como as estações do ano. Deus também colocou no céu as estrelas, para brilharem à noite, ao lado da Lua.

No quinto dia, Deus disse:
– Que nas águas e nos céus haja diversas espécies de animais.
Deus viu que tudo era bom. Então, disse aos animais para viverem e se reproduzirem, cada qual onde havia sido criado.

Com isso, Deus criou no sexto dia os animais que vivem sobre a terra: bois, cavalos e outras grandes criaturas. Assim como outros animais e plantas, eles deveriam viver e se reproduzir para povoar o planeta.

Deus estava muito feliz com o que havia criado, então, decidiu criar um homem à sua semelhança.

Assim, também no sexto dia, Deus criou o homem e a mulher, e lhes deu permissão para dominar os animais da terra, do ar e do mar, bem como se alimentar das plantas que cresciam por toda parte.

Ao observar toda sua criação – o Sol, a Lua, as estrelas, a terra e os mares, os animais marinhos, terrestres e as aves, as plantas e o ser humano –, Deus ficou muito feliz, pois viu que era tudo muito bom. Então, no sétimo dia, Ele descansou.

Para criar todas as coisas, Deus precisou apenas falar, mas, quando fez o homem, o Senhor modelou o pó da terra para criar o corpo e depois soprou nas narinas dele para lhe dar vida.

Deus preparou um lugar especial para o homem viver: o Jardim do Éden. Ali, havia um grande rio e árvores frutíferas. O Senhor determinou que o homem cuidaria de tudo aquilo e se alimentaria dos frutos das árvores, mas fez um alerta:

– Há uma árvore no meio do jardim da qual você não pode comer o fruto; é a árvore da ciência do bem e do mal. No dia em que dela comer, você morrerá.

Ao homem que vivia no Jardim do Éden foi dado o nome de Adão. Deus levou até ele os animais que havia criado, e Adão escolheu o nome de cada um.

Chegou o tempo em que o Senhor resolveu dar uma companheira para o homem. Então, Deus fez Adão dormir profundamente e tirou-lhe uma costela. A partir dela, formou a mulher, Eva. Então, Adão disse que ela seria sua mulher.

No Jardim do Éden, vivia também uma astuta serpente. Certa vez, ela se aproximou de Eva e a incentivou a comer do fruto da árvore do conhecimento.

– Você acha mesmo que Deus faria vocês morrerem? Vocês não morrerão, apenas conhecerão o que é o bem e o mal – disse a serpente.

Eva ficou observando aquela árvore. Realmente, o fruto parecia bem saboroso. Então, pegou um deles, comeu e o deu a Adão, que também provou.

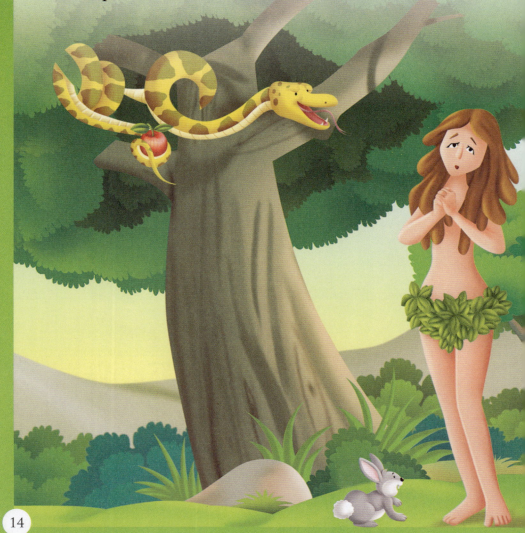

Quando Deus foi procurar por Adão e Eva no jardim, os dois estavam escondidos, pois se envergonharam de terem desobedecido ao Senhor. O homem explicou que havia comido do fruto da árvore do conhecimento do bem e do mal que a mulher lhe oferecera. A mulher, por sua vez, contou que a serpente a tinha enganado para que comesse o fruto.

Deus se entristeceu muito com a desobediência de Adão e Eva e os expulsou do Jardim do Éden. Disse aos dois que eles teriam de trabalhar para conseguir alimento e colocou anjos no Jardim do Éden, para que Adão e Eva não pudessem mais voltar.

A Arca de Noé

Com o passar do tempo, os filhos dos descendentes de Adão e Eva povoaram o mundo. Porém, a maldade começou a tomar o coração deles, havia muita violência e tudo o que faziam era mau.

Ao observar tudo isso, Deus ficou muito triste e até se arrependeu de ter criado o homem e a mulher, pois eles estavam destruindo todas as maravilhas que Ele havia feito. Então, Deus decidiu destruir tudo o que existia na Terra.

Mas, mesmo em meio a tanta maldade, havia um homem bom que agradava a Deus. Ele se chamava Noé e tinha três filhos: Sem, Cam e Jafé.

Então, Deus fez um pacto com Noé, pedindo-lhe que construísse uma arca, isto é, um barco muito grande.

Noé deveria usar uma madeira forte, escolhida pelo Senhor, e fazer a arca do tamanho indicado, grande o bastante para abrigar todos que Ele desejasse. Depois, Noé deveria passar betume na arca, para impedir que entrasse água pelas frestas da madeira.

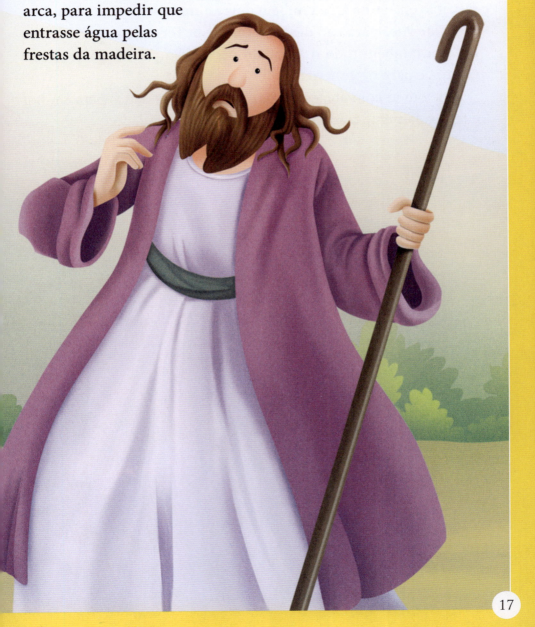

Muito obediente, Noé fez tudo exatamente como Deus havia mandado. Quando a arca estava pronta, o Senhor falou com Noé mais uma vez:

– Farei cair sobre a Terra um dilúvio, mas faço um acordo com você. Leve para dentro da arca sua esposa, seus filhos e suas noras. Deverão entrar na arca também dois animais de cada espécie. Eles virão até você para não desaparecerem da Terra. Leve para dentro da arca também todo o alimento necessário para você, para sua família e para os animais.

Noé ouviu com atenção todas as instruções dadas pelo Senhor e fez exatamente como Deus havia lhe recomendado.

Então, Noé e sua família entraram na arca com os animais, e Deus fechou a porta por fora. Sete dias depois, o grande dilúvio começou a cair sobre a Terra.

Por 40 dias e 40 noites, a forte tempestade inundou tudo o que existia, de tal maneira que a arca se desprendeu do chão sobre o qual havia sido construída e começou a navegar, como se estivesse em um mar infinito.

Com exceção de Noé, sua família e os animais que estavam na arca, tudo o que havia na Terra foi extinto.

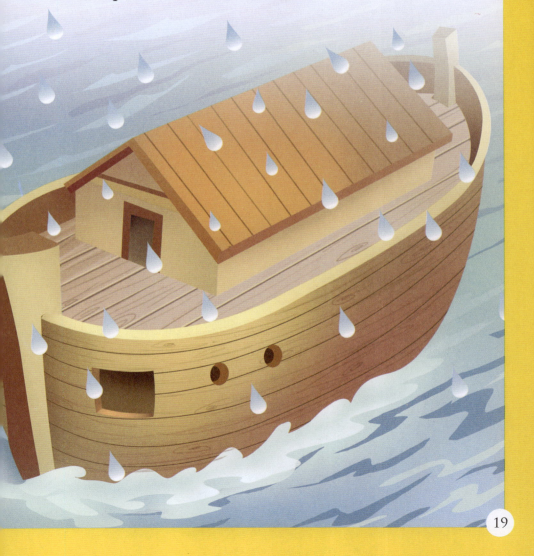

Depois de 40 dias e 40 noites, finalmente parou de chover, mas ainda havia muita água sobre a Terra. Demorou 150 dias até que as águas começassem a baixar. A arca então repousou no alto dos montes de Ararate.

Após alguns dias, Noé soltou um corvo para saber se havia algum lugar em terra firme onde pudessem desembarcar em segurança. Mas o corvo logo voltou. Em seguida, Noé soltou uma pomba, que também voltou para a arca, pois não encontrou lugar algum onde pudesse pousar.

Sete dias depois, Noé soltou novamente a pomba, que desta vez retornou com um ramo de oliveira no bico. Dessa forma, Noé soube que as águas do dilúvio já estavam finalmente recuando. Mas ainda não era hora de sair da arca. Ele esperou mais sete dias e tornou a soltar a pomba, que não retornou. Até que Deus falou a Noé:

– Você, sua família e todos os animais já podem deixar a arca. Saiam e povoem a Terra.

Então, assim que saiu da arca, Noé louvou ao Senhor por tê-lo livrado do dilúvio.

Deus recebeu com alegria o louvor de Noé e decidiu que não destruiria mais a Terra com outro dilúvio. Então, fez um acordo com Noé e sua família, dizendo:

– Colocarei um arco no céu, que será a nossa aliança. Sempre que as nuvens de chuva aparecerem, o arco me lembrará que as águas do dilúvio não destruirão os seres vivos. E será assim hoje, amanhã e eternamente.

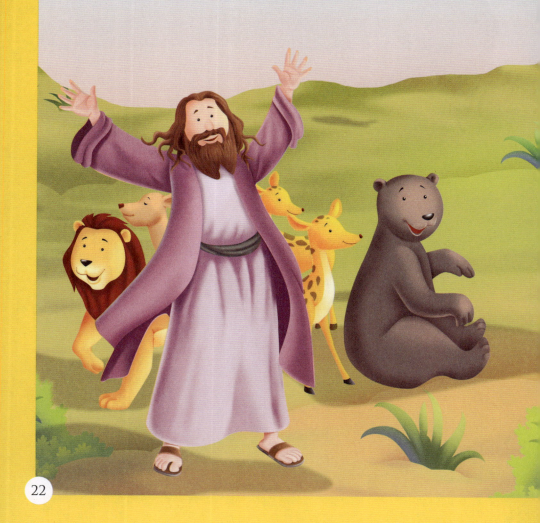

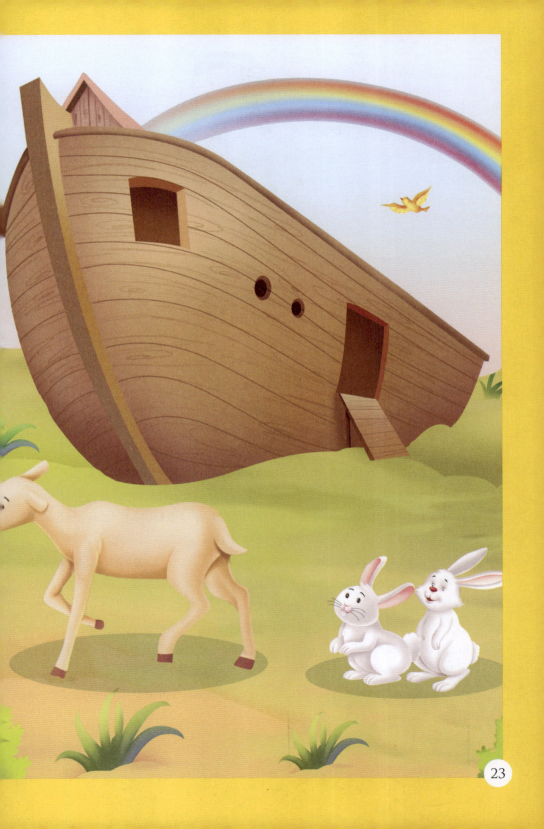

José

Jacó era um homem muito amado por Deus. Certa vez, ele lutou com um anjo para receber uma bênção do Senhor. Por isso, passou a ser chamado de Israel. Ele teve 12 filhos, mas amava a José mais do que aos outros, pois dizia que o rapaz era filho de sua velhice. Um dia, ele deu a José uma túnica colorida, diferente das dos outros filhos. Isso fez com que os irmãos de José sentissem inveja dele.

Pouco tempo depois, José foi ao campo, para saber notícias de seus irmãos e levá-las ao seu pai. Mas, assim que José chegou, os rapazes tiraram sua túnica e o jogaram dentro de uma cova, a fim de matá-lo. Entretanto, Rúben, o mais velho, impediu que os outros fizessem isso.

Como desejavam se livrar de José a qualquer custo, seus irmãos o venderam a um grupo de mercadores que passava por ali a caminho do Egito. Quando voltaram para casa, levaram a túnica de José manchada de sangue para Jacó e disseram-lhe que o irmão havia sido devorado por uma fera. O pai ficou muito triste.

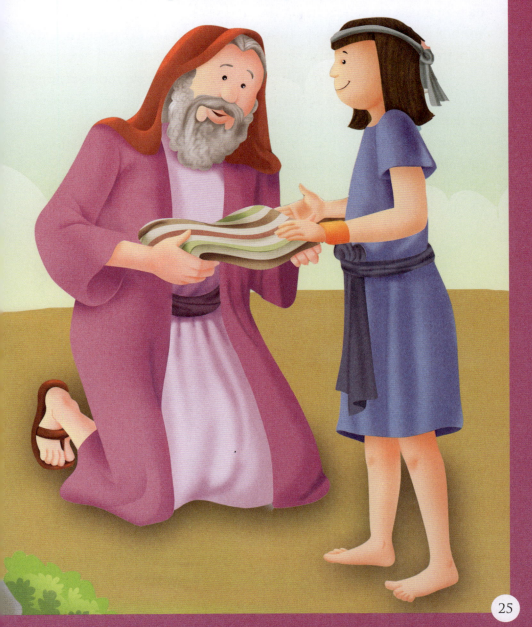

Já no Egito, José foi levado para servir a Potifar, o capitão da guarda do faraó. O Senhor o ajudou, e José se tornou um empregado de confiança. Mas a mulher de Potifar inventou uma mentira a respeito de José, e então ele foi enviado para a prisão.

Mesmo preso, José era bem-visto por todos e até passou a ajudar o carcereiro. Deus havia lhe dado sabedoria para interpretar sonhos. Certa manhã, ele interpretou o sonho do padeiro e do copeiro do faraó, que também estavam na prisão:

– O sonho do padeiro indica que em três dias ele morrerá, mas você, copeiro, voltará a servir o faraó. E quando estiver na presença dele, por favor, lembre-se de mim.

Como José havia sido guiado por Deus, tudo o que ele disse a respeito dos sonhos do padeiro e do copeiro se realizou. Porém, quando voltou a servir o faraó, o copeiro não se lembrou de lhe falar a respeito de José.

Um dia, o faraó teve um sonho que nenhum de seus sábios conseguiu compreender. Foi quando finalmente o copeiro se lembrou que José interpretara o seu sonho e contou ao faraó sobre o que havia acontecido na prisão. O faraó, então, ordenou que buscassem José o quanto antes. Depois de tomar banho e colocar vestes limpas, José apresentou-se diante do faraó para ouvir sobre o sonho.

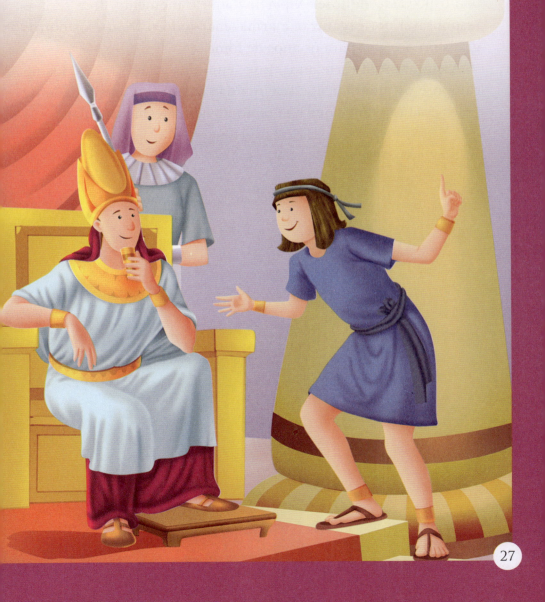

– Deus lhe mostrou o futuro, faraó. Seu sonho representa sete anos de grande fartura no Egito, nos quais nada faltará. No entanto, depois haverá sete anos de fome. É preciso se preparar, guardando todo alimento possível nos anos de fartura, para que o povo do Egito não morra nos anos de fome que estão por vir – disse José.

O faraó ficou admirado com a sabedoria divina de José. Por isso, logo tomou uma decisão importante: tirou seu anel e colocou-o no dedo de José. A partir daquele momento, José seria o responsável por organizar e armazenar todo o trigo e os outros grãos produzidos para os anos de fome.

Assim, durante sete anos, José reuniu os grãos produzidos no campo e os guardou nos celeiros das cidades. A quantidade de grãos era tão grande que não se podia nem mesmo calcular.

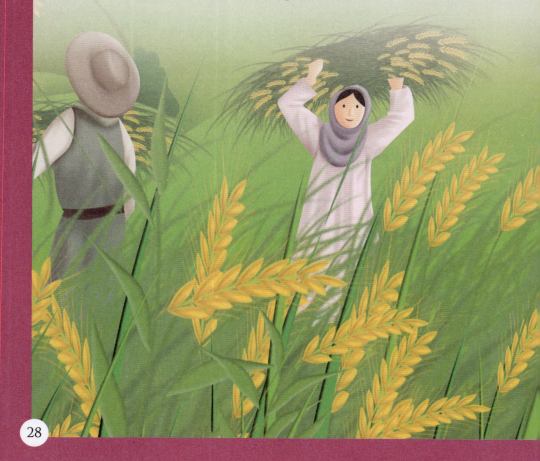

Quando começaram os anos de fome, as pessoas iam até José para comprar os grãos que tinham sido guardados, inclusive aquelas que não moravam no Egito. E foi assim que os irmãos de José foram ao encontro dele, para comprar alimento para si e para seus pais, mas não o reconheceram.

Entretanto, José os reconheceu, mas não se apresentou como o irmão que havia sido vendido, mantendo-se em seu posto e tratando-os como fazia para com outros cidadãos. José ordenou que fossem buscar o irmão mais novo, Benjamin, que havia ficado na casa do pai. Para garantir o retorno dos outros irmãos, José fez com que Simeão ficasse com ele no Egito.

Jacó sentiu-se muito aflito ao saber que Simeão tinha ficado no Egito e impediu que os outros filhos partissem levando Benjamin. Mas o mantimento acabou, e eles precisaram voltar ao Egito para comprar mais. Então, tiveram de levar Benjamin.

Quando viu seus irmãos se aproximando, José os convidou para jantar. Após o jantar e a compra de mantimentos, os irmãos retor-

naram para casa. Contudo, um guarda do faraó foi ao encontro deles, pois José havia ordenado que se colocasse um cálice no saco de mantimentos de Benjamin para incriminá-lo e torná-lo prisioneiro.

Diante da aflição de seus irmãos, que acreditavam que o pai perderia seu querido filho Benjamin, José contou-lhes quem era, muito emocionado. Os irmãos foram perdoados e levaram Jacó para se encontrar com José no Egito, onde passaram a viver juntos.

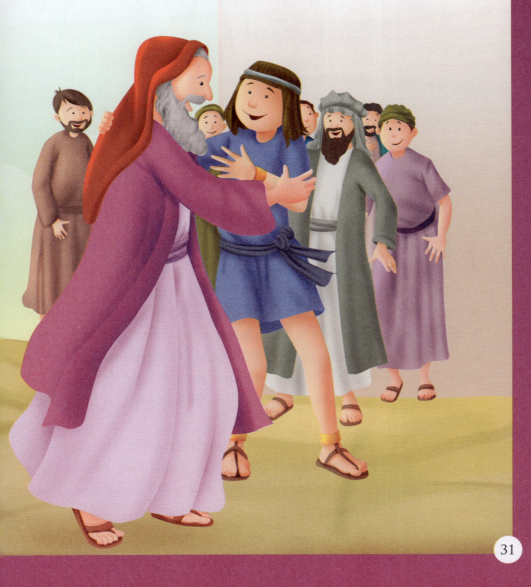

Moisés

Houve um tempo em que os israelitas se multiplicaram de tal maneira nas terras do Egito que o faraó começou a temer que eles se voltassem contra os egípcios. Então, passou a escravizá-los e ordenou às parteiras que deixassem viver apenas os bebês israelitas do sexo feminino. Mas algumas das parteiras diziam que, ao chegarem à casa das israelitas, os bebês já haviam nascido. No intuito de conter o crescimento populacional dos israelitas, o faraó decretou que os bebês do sexo masculino fossem jogados no rio logo que nascessem.

Entretanto, uma mãe israelita escondeu seu filho por três meses para que ele não fosse morto pelo faraó. Após esse período, ela colocou em um cesto à beira do rio e pediu para que sua filha o observasse para saber o que lhe aconteceria.

A filha do faraó estava se banhando no rio e, quando viu o cesto com o bebê, decidiu que ficaria com ele. Depressa, a irmã do garotinho perguntou à princesa se poderia lhe apresentar uma mulher para cuidar dele e lhe trouxe sua mãe. A princesa lhe entregou o menino e ainda lhe pagou um salário para que cuidasse do bebê.

– Este garotinho se chamará Moisés, porque eu o tirei das águas – disse a filha do faraó.

Moisés foi criado por sua mãe verdadeira até se tornar um garoto crescido. Então, foi levado para o palácio e adotado pela filha do faraó. Mas ele sempre soube que fazia parte do povo israelita.

Já adulto, certa vez, Moisés viu um egípcio ferindo e maltratando um israelita, e ficou muito triste. Como resposta, feriu o agressor e fugiu do Egito, pois o faraó queria matá-lo.

No deserto, Moisés casou-se, formou uma família e tornou-se pastor de ovelhas. Um dia, Deus veio ao seu encontro e disse-lhe que ele havia sido escolhido para libertar os israelitas da escravidão no Egito.

O faraó que desejava a morte de Moisés já havia morrido, e o Egito tinha um novo governante. Ainda assim, Moisés não tinha ideia de como iria convencê-lo de que a libertação dos israelitas daquelas terras era uma ordem de Deus. Então, o Senhor mostrou dois sinais a Moisés: primeiro, transformou o cajado do israelita em uma serpente; depois, fez aparecer e desaparecer uma doença de pele incurável na mão dele; por fim, Deus permitiu que Arão, irmão mais velho de Moisés, fosse com ele até o Egito.

Diante do faraó, Moisés e Arão pediram que os israelitas fossem libertados. Moisés lançou seu cajado ao chão, transformando-o em uma serpente. Mas o faraó não acreditou que aquilo fosse uma obra de Deus.

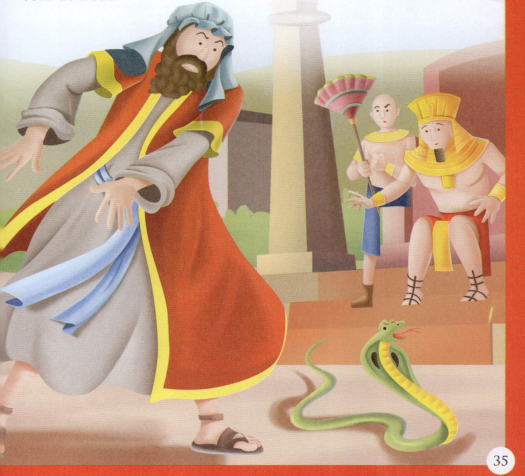

O faraó continuava incrédulo, e, por isso, Deus lançou dez pragas sobre o Egito. A partir de então, o faraó permitiu que os israelitas partissem dali.

Guiados por Moisés, eles seguiram em direção ao deserto, levando tudo o que tinham. Durante o dia, Deus colocava uma nuvem sobre o povo, e, à noite, uma coluna de fogo, para indicar o caminho por onde deveriam andar.

Contudo, ao perceber que os israelitas tinham partido de fato, o faraó mudou de ideia e decidiu ir atrás deles para capturá-los novamente.

Ao perceberem que o faraó estava vindo ao seu encontro, os israelitas ficaram apavorados e acusaram Moisés de os terem tirado do Egito para morrerem no deserto. Moisés clamou a Deus, que lhe disse:

– Toque o Mar Vermelho com o cajado que você está segurando. Assim, vocês atravessarão o mar.

Então, Moisés estendeu o cajado, e as águas se abriram diante deles, formando um caminho seco. Os egípcios viram os israelitas entrando pelo meio do mar e os seguiram, sem imaginar o que iria acontecer. Assim que o último israelita terminou sua travessia, Moisés tocou novamente as águas com o cajado. Em seguida, as águas voltaram ao seu curso normal, engolindo todos os egípcios que os perseguiam.

Dessa maneira, os israelitas puderam ver o grande poder de Deus e seguiram seu caminho para Canaã, a terra prometida.

Rute

Houve um tempo em que uma grande fome tomou toda a Terra. Então, uma família que vivia em Belém de Judá mudou-se para Moabe à procura de alimento. O pai se chamava Elimeleque, a mãe, Noemi, e os dois filhos eram Malom e Quiliom.

Um dia, o pai faleceu. Algum tempo depois, Malom e Quiliom escolheram como esposas mulheres moabitas, ou seja, que tinham nascido em Moabe.

Uma delas se chamava Orfa, e a outra, Rute. Em menos de dez anos que ali moravam, os dois filhos de Noemi também faleceram. Nessa mesma época, Noemi, Orfa e Rute souberam que Judá havia sido abençoada por Deus e que não mais faltaria pão para o povo. Em virtude disso, arrumaram-se e foram embora de Moabe.

Então, Noemi se voltou para as duas noras e falou:

– Vocês duas foram boas esposas para meus filhos, mas agora podem voltar para a casa de seus pais. Desejo que Deus abençoe cada uma de vocês e que possam se casar novamente.

A princípio, tanto Orfa quanto Rute disseram que seguiriam viagem com Noemi em direção a Belém de Judá. Mas a sogra disse a elas que não tinha mais nenhum filho para lhes oferecer como marido.

Orfa, mesmo muito triste por deixar a sogra, resolveu então voltar para a casa dos pais.

– Orfa voltou para a casa e para o povo dela. Volte você também, Rute – disse Noemi.

– Não, eu ficarei ao seu lado. Para onde a senhora for, eu irei. O seu povo será também o meu povo, e o seu Deus será o meu Deus.

Assim, as duas seguiram de volta para as terras de onde Noemi havia partido com seu marido e seus filhos anos atrás.

Quando chegaram a Belém de Judá, era tempo de colheita nas plantações de cevada. Rute pediu a autorização da sogra para ir até os campos recolher as espigas que ficavam caídas no chão. Assim, teriam como se alimentar.

– Vá, minha filha – disse-lhe Noemi.

Rute, então, começou a apanhar espigas nos campos de um homem chamado Boaz. Ele era um poderoso fazendeiro, parente de Elimeleque, o falecido sogro de Rute.

Quando Boaz viu aquela moça apanhando as espigas caídas nos seus campos, perguntou ao rapaz responsável pelos trabalhadores

quem era ela. O jovem logo lhe explicou que aquela era Rute, a moça que tinha voltado de Moabe com Noemi.

Boaz gostou muito da atitude dela e recomendou aos seus trabalhadores que deixassem cair algumas espigas no caminho propositalmente para que Rute pudesse apanhá-las.

Quando Rute mostrou o que tinha conseguido com aquele dia de trabalho e contou que havia ficado no campo de Boaz, Noemi louvou ao Senhor por não ter se esquecido delas e ter lhes preparado tudo aquilo.

Naquele tempo, era muito comum que as pessoas da mesma família se casassem. Então, já havia um outro parente de Noemi que poderia se casar com Rute, mas Boaz, ao ver que a moça era tão esforçada e dedicada a ajudar a sogra, interessou-se por ela.

Assim, ele procurou o outro parente de Noemi e os dois conversaram a respeito de Rute. O homem disse a Boaz que não tinha interesse em se casar com a moça e permitiu que ele se unisse a ela.

Dessa forma, o Senhor abençoou a vida de Noemi e de sua nora. Rute casou-se com Boaz, e Noemi foi morar com eles. Desse casamento, nasceu Obede, que muitos anos depois seria pai de Jessé e avô de Davi.

Davi

Por muitos anos, o povo de Israel foi guiado e liderado por Deus, que falava com as pessoas por intermédio dos profetas e depois pelos juízes.

Até que, um dia, os homens pediram um rei a Deus. O Senhor lhes atendeu o desejo e escolheu Saul para governar Israel. Infelizmente, o coração do rei se corrompeu com a maldade do mundo e, com isso, ele passou a ser mau também. Então, o Senhor pediu que o profeta Samuel fosse até Belém, onde iria ungir o próximo rei de Israel.

Havia em Belém um homem chamado Jessé, que tinha oito filhos. Jessé fez sete de seus filhos passarem diante do profeta. Eles eram todos fortes e formosos, mas o Senhor não escolheu nenhum deles.

– Ainda falta o meu filho mais novo, Davi. Ele está no campo, pois é pastor de ovelhas – disse Jessé.

Davi não era forte e formoso como seus irmãos. Era muito humilde e dedicado, e sempre tocava harpa enquanto cuidava das ovelhas.

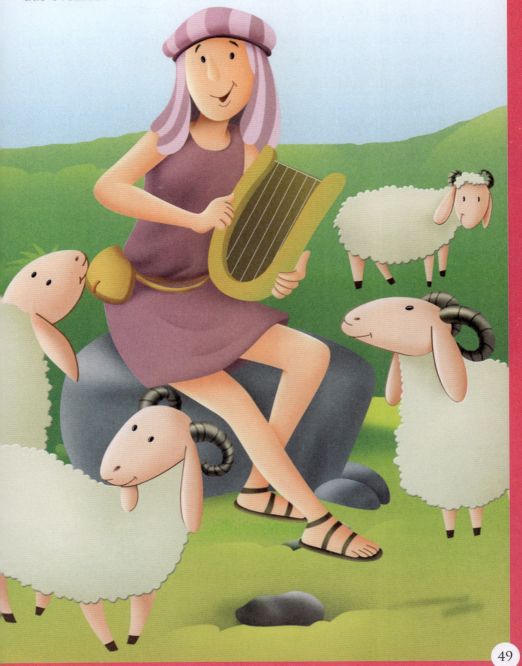

O profeta Samuel ungiu Davi e, daquele dia em diante, o poder de Deus estava com ele. Entretanto, o jovem continuou cuidando das ovelhas e fazendo suas tarefas como antes. Até que, certo dia, Jessé fez um pedido a Davi:

– Pegue estes grãos e pães e leve-os para os seus três irmãos mais velhos, que estão na batalha contra os filisteus. Depois, volte e me conte como eles estão.

Mas quando o exército do rei Saul, do qual os irmãos de Davi faziam parte, preparou-se para começar a lutar, um gigante surgiu entre os filisteus, insultando o Deus dos israelitas.

Davi ficou muito bravo com o que o gigante, de nome Golias, estava dizendo. Mas os soldados do exército de Saul tinham muito medo do gigante. Vendo que Davi se incomodava com as palavras de Golias e não tinha medo dele, os homens o levaram ao rei.

– Eu me ofereço para lutar contra o gigante, ó, rei Saul – disse Davi.

Saul tentou fazê-lo desistir daquela ideia, explicando-lhe que Golias era um homem de guerra muito perigoso, mas isso não foi suficiente. Como percebeu que Davi estava determinado a lutar, o rei pediu-lhe que ao menos vestisse uma armadura como a dos soldados. Aquelas vestes poderiam ser adequadas aos fortes

homens do exército, mas Davi, acostumado a cuidar das ovelhas de seu pai, mal conseguiu se mover.

Davi tirou a armadura e seguiu em direção ao campo de batalha onde Golias estava. No caminho, ele passou perto de um riacho, pegou cinco pedrinhas e as colocou na pequena bolsa que sempre carregava consigo.

Quando viu aquele menino se aproximando, Golias começou a caçoar dele. Davi, por sua vez, estava confiante de que Deus o ajudaria.

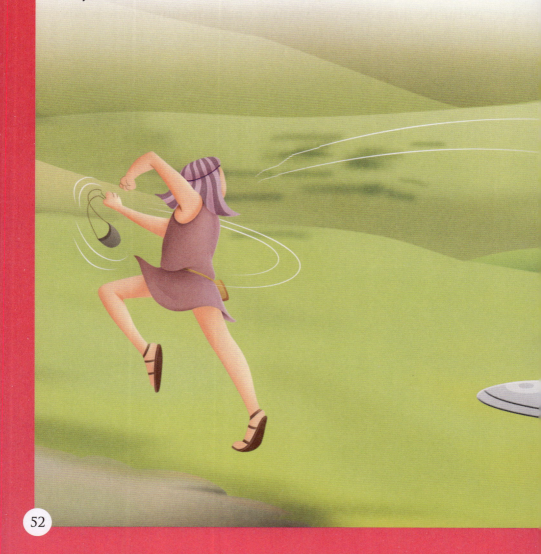

– Você vem contra mim carregando sua espada e seu escudo, mas eu vou ao seu encontro em nome de Deus, o Senhor. Ele me dará forças para enfrentar você nesta batalha – disse Davi.

Ao ouvir isso, o gigante correu na direção de Davi para dar início ao embate.

Guiado por Deus, Davi pegou uma pedrinha na bolsa e a acomodou na funda. Girou-a e a lançou em direção ao gigante.

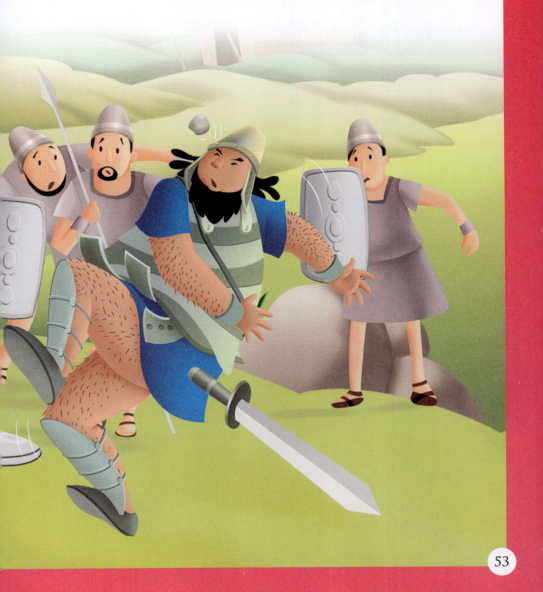

Antes que Golias pudesse fazer qualquer movimento de defesa, a pedra acertou sua testa. No mesmo instante, o grande soldado dos filisteus foi ao chão. Davi então apressou-se em pegar a espada de Golias e, com ela, cortou a cabeça do gigante. Quando viram que seu grande soldado havia sido derrotado, os filisteus ficaram assustados e fugiram do campo de batalha.

Após essa conquista, o rei Saul passou a se preocupar com a presença de Davi, pois temia que ele o tirasse de seu trono. Afinal, Davi havia vencido uma grande batalha, conquistado a afeição do povo e também a de Jônatas, o filho do rei, de quem se tornou grande amigo.

Mesmo não agradando ao rei, Davi casou-se com a filha mais nova de sua majestade e, no tempo determinado por Deus, tornou-se rei de Israel e foi muito abençoado.

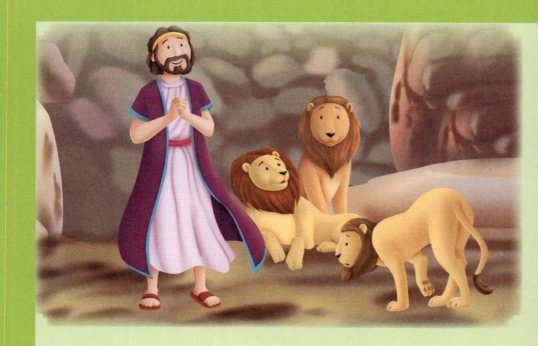

Daniel

Quando o rei da Babilônia, Nabucodonosor, invadiu Jerusalém, ele pediu ao chefe da guarda que escolhesse jovens estudiosos e cultos do povo de Israel para que vivessem no palácio e aprendessem a língua dos babilônios. E assim foi feito.

Entre esses moços, havia quatro amigos que confiavam muito em Deus: Daniel, Hananias, Misael e Azarias. Eles sempre faziam de tudo para agradar ao Senhor e, por isso, eram muito abençoados, tanto que foram postos com os sábios do rei. Ao notar a sabedoria e o entendimento dados a Daniel e seus amigos, até mesmo o rei Nabucodonosor declarou o grande poder de Deus.

No entanto, esse reinado acabou, e Dario, rei dos medos, passou a governar aquelas terras. Para auxiliá-lo em seu governo, ele escolheu 120 príncipes, entre os quais estava Daniel.

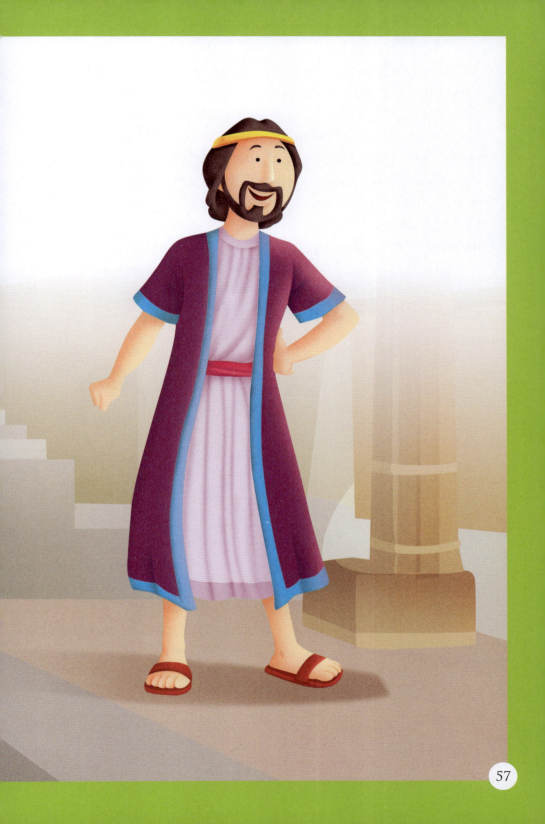

Tudo o que Daniel fazia funcionava, porque ele era abençoado, e o rei gostava muito dele. Mas isso incomodava os outros príncipes, pois o rei pensava em colocar Daniel para governá-los. Então, esses homens procuravam algum erro ou problema em todas as tarefas que Daniel fazia, para contarem ao rei, mas não conseguiam encontrar nada, até que bolaram um plano para tentarem colocar o rei contra Daniel.

– Majestade, cientes de todo o seu poder, criamos uma lei que determina que ninguém pode pedir algo a um deus ou a outra pessoa que não seja à vossa majestade. Para que essa lei seja aplicada a todos os cidadãos e que ninguém possa desfazê-la, basta assiná-la – disse um dos príncipes.

O rei Dario achou aquilo muito interessante e assinou a lei, que o tornaria mais poderoso diante do povo. Daniel orava três vezes por dia, mesmo sabendo da nova lei. Assim, foi para sua casa, ajoelhou-se próximo à janela que dava vista para a cidade de Jerusalém e orou a Deus.

Os homens que tentavam achar alguma culpa em Daniel foram até a casa dele e o encontraram fazendo sua oração.

– Majestade, existe uma lei que decreta que, durante 30 dias, todos do reino só podem fazer pedidos a vossa majestade, não é mesmo? – indagou um dos príncipes.

– Sim, isso mesmo, assinei essa lei, e ninguém pode anular a decisão – respondeu o rei.

– Pois bem, vossa majestade. Daniel, que veio do povo de Israel, continua fazendo suas orações a Deus – disse o príncipe.

O rei ficou muito triste ao receber a notícia, pois sabia que Daniel deveria ser castigado. Então, fez o possível para nada de

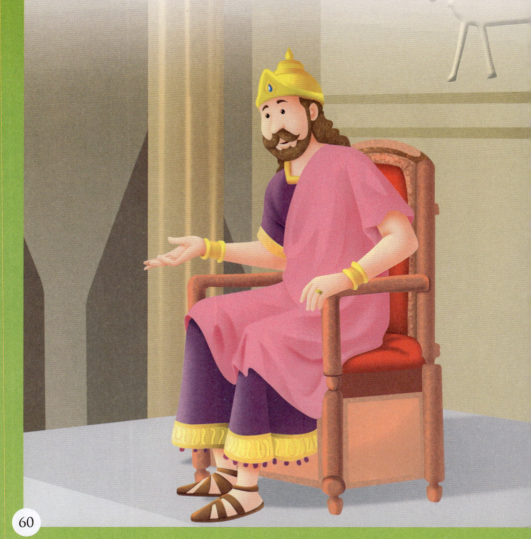

mau acontecer ao príncipe. Todavia, nem mesmo a palavra de rei poderia revogar o castigo.

Quem desobedecesse à lei deveria ser lançado na cova dos leões. Então, antes que Daniel fosse jogado na cova, o rei Dario falou:

– Você é um servo fiel a Deus. Ele livrará você dos leões.

Por pertencer a outro povo, o rei Dario acreditava em outros deuses, mas sabia da confiança e da fé de Daniel. Triste pelo que aconteceu, o rei passou aquela noite toda acordado.

Então, na manhã seguinte, o rei foi até a cova dos leões e chamou:

– Daniel! Daniel! Será que o Deus Todo-Poderoso livrou você das garras dos leões?

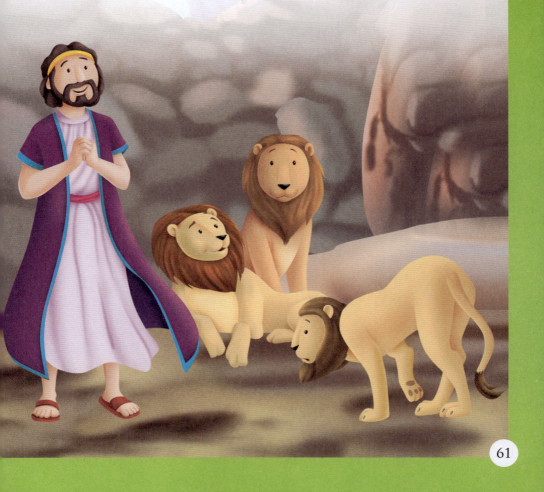

Logo em seguida, o rei ouviu uma voz respondendo a seu chamado:

– Sim, vossa majestade! Deus enviou um anjo que fechou a boca dos leões, porque viu que eu não havia feito mal algum, nem perante Ele, nem perante vossa majestade.

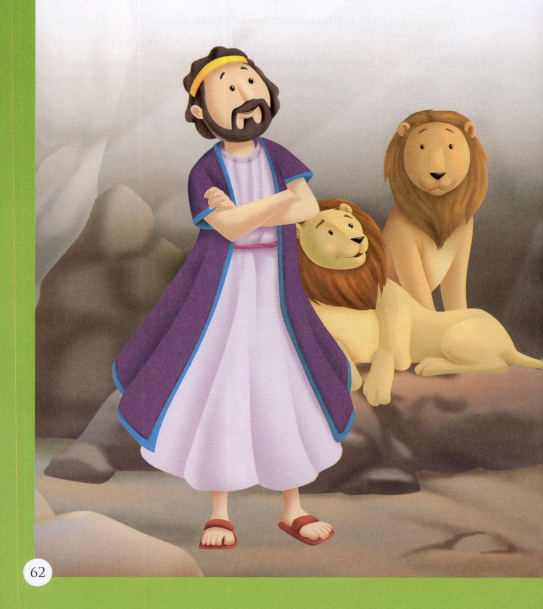

O rei Dario mal podia acreditar que Daniel estava vivo. Ele ficou muito contente com a notícia e logo mandou que o tirassem da cova dos leões. Depois disso, o rei enviou uma carta a todos os povos que viviam sob o domínio dele anunciando que o Deus a quem Daniel servia era bondoso e poderoso, capaz de operar milagres maravilhosos, como o que fez ao livrar seu servo das garras dos leões.

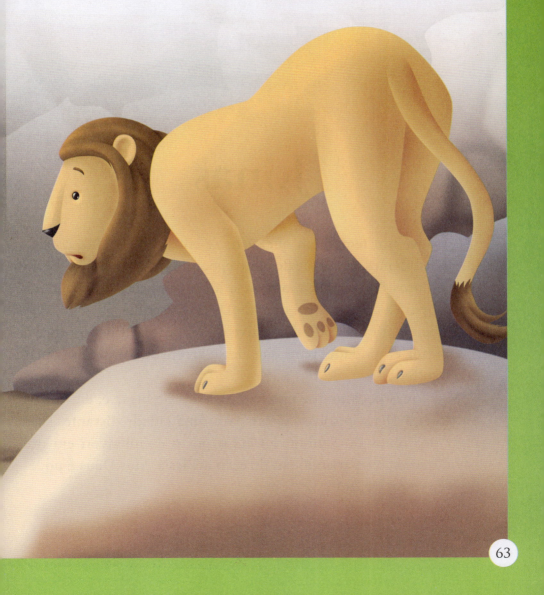

Jonas

Houve um tempo em que Deus se entristeceu muito com os habitantes da cidade de Nínive, porque eles haviam se tornado maldosos. Nessa época, o profeta Jonas anunciava a Palavra do Senhor para as pessoas. Foi quando Deus o instruiu:

– Viaje para a cidade de Nínive e fale para seu povo sobre o meu amor e bondade, para que ele se arrependa das coisas más que tem feito.

Mas Jonas decidiu que não iria para aquele lugar e, em vez de obedecer a Deus, resolveu viajar para uma cidade distante. Para fugir dos olhos do Senhor, foi até o porto e embarcou em um navio que estava partindo em direção a Társis. Mas Deus é poderoso e sempre vê tudo.

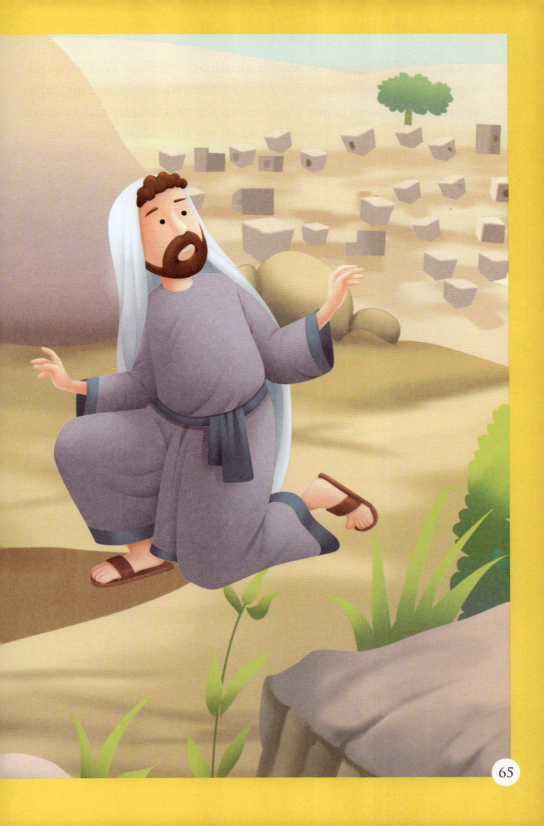

Quando o navio já estava em alto-mar, um forte vento soprou, e uma tempestade começou a cair. Os marinheiros ficaram apavorados, pois parecia que a embarcação se partiria ao meio a qualquer instante. Então, Jonas desceu ao porão e adormeceu.

Para evitar que o navio afundasse, os homens começaram a lançar ao mar tudo o que tinham, e cada um clamava ao seu deus para que os salvasse. Ao encontrar Jonas dormindo profundamente no porão, o mestre do navio ficou espantado e disse:

– Como você pode estar tão tranquilo? Levante-se e comece a clamar ao seu Deus. Talvez Ele possa evitar que o navio afunde.

Jonas então conversou com os homens daquela embarcação e contou-lhes que era profeta de Deus e estava fugindo dos olhos do Senhor.

Os homens ficaram muito bravos por saberem que aquela tempestade estava acontecendo porque Jonas havia desobedecido a Deus e embarcado naquela viagem.

– O que poderemos fazer para que essa tempestade se acalme? – eles perguntaram a Jonas.

A única opção que tinham era lançar Jonas ao mar, pois era por causa dele que todos estavam prestes a morrer. Então, eles pediram perdão ao Senhor e jogaram o profeta para fora do navio. Em instantes, a tempestade se acalmou.

Assim que Jonas caiu na água, Deus enviou para aquele lugar um grande peixe, que engoliu o profeta. Ali dentro, ele percebeu que não havia como fugir do olhar de Deus e refletiu sobre sua desobediência.

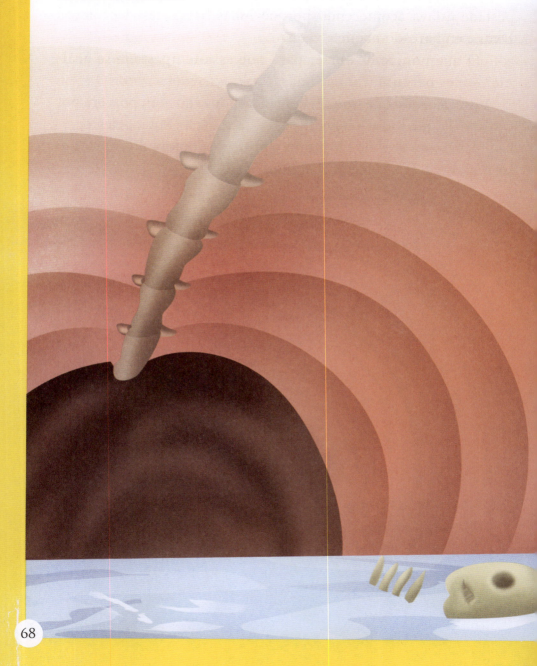

Jonas orou ao Senhor com toda a sinceridade do seu coração, declarando que Ele já havia operado maravilhas em sua vida e que naquele momento também poderia salvá-lo, pois ele estava arrependido e disposto a agradar a Deus.

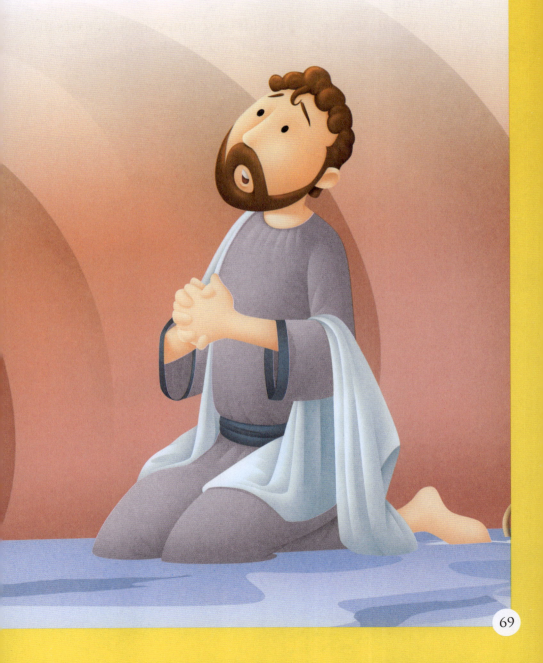

Três dias depois de Jonas ter sido engolido pelo grande peixe, o Senhor ordenou que o animal libertasse Jonas. Obediente, o animal cuspiu Jonas em terra firme. Deus então pediu que Jonas fosse pregar ao povo de Nínive para que eles se arrependessem de sua maldade.

Dessa vez, Jonas não teve dúvidas e seguiu viagem por três dias até chegar à cidade aonde Deus o havia mandado ir.

Assim que chegou a Nínive, Jonas começou a falar sobre Deus e sua bondade, incentivando as pessoas a se arrependerem de todo o mal que haviam feito. Até mesmo o governante deu ouvidos à Palavra de Deus anunciada por Jonas. Assim, todos os habitantes da cidade passaram a fazer jejum e pediram perdão ao Senhor por sua maldade, arrependidos do que haviam feito. Deus ouviu o clamor do povo e percebeu que ele havia se arrependido.

O Nascimento de Jesus

Muito tempo atrás, os profetas já anunciavam os planos de Deus para o seu povo. Certa vez, o profeta Isaías revelou que um Menino nasceria para ser o rei. Ele seria chamado de Maravilhoso, Conselheiro, Deus Forte, Pai da Eternidade e Príncipe da Paz.

Depois de muitos anos, na cidade de Nazaré, havia uma moça chamada Maria. Ela era noiva de José, que pertencia à família do rei Davi. Porém, esse jovem casal ainda não sabia da grande surpresa que Deus tinha preparado para eles.

Certo dia, o anjo Gabriel apareceu para Maria e lhe disse:

– Maria, não tenha medo. Sou o anjo Gabriel, ajudante de Deus. Estou aqui para lhe trazer uma boa notícia. Você é uma mulher muito abençoada, pois Deus a escolheu para ser a mãe de Jesus, o Salvador.

Maria, apesar de preocupada por não ser casada com José, recebeu a notícia com grande alegria e agradeceu muito a Deus por ter sido a escolhida. Um anjo também apareceu a José em um sonho, a fim de tranquilizá-lo:

– José, não tenha medo de aceitar Maria como sua esposa. Ela dará à luz um Menino que salvará o seu povo de todos os pecados. Ele receberá o nome de Jesus.

Após o sonho, José encheu-se de alegria e casou-se com Maria.

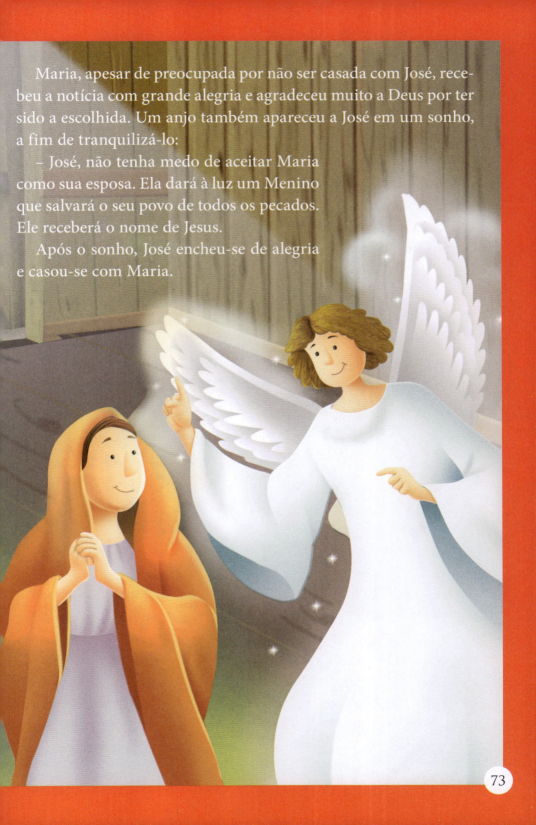

Passaram-se alguns meses, e Maria já aguardava ansiosa a chegada de seu amado filho. Porém, o casal não contava com a ordem do imperador Augusto de que todas as pessoas deveriam ir para a sua terra natal para participarem da contagem da população. Então, José saiu da cidade de Nazaré com sua esposa, Maria, seguindo uma longa viagem para a cidade de Belém, onde o rei Davi havia nascido.

Por causa dessa contagem, muitas pessoas foram para a mesma cidade. Por isso, as hospedarias estavam lotadas.

José e Maria bateram a diversas portas à procura de um lugar em que pudessem descansar da viagem, mas não conseguiram encontrar nenhum quarto.

Depois de muito tempo, um hospedeiro ofereceu um lugar não muito convencional para eles passarem a noite: uma estrebaria, ou seja, um lugar coberto onde as pessoas costumavam abrigar os animais. Naquela mesma noite, Maria deu à luz o Menino Jesus. Ela o envolveu em panos e o colocou em uma manjedoura.

Não muito distante dali, alguns pastores que cuidavam de seus rebanhos precisavam saber do nascimento de Jesus. Assim, Deus enviou um anjo para lhes contar a boa-nova.

Quando os pastores avistaram o anjo, ficaram muito assustados. O anjo, então, disse a eles:

– Não tenham medo. Vim para anunciar que hoje, na cidade de Belém, nasceu o Salvador. Vão e procurem por uma criancinha enrolada em panos. Ela estará deitada em uma manjedoura.

Em seguida, mais anjos apareceram e começaram a louvar a Deus, cantando:

– Glória a Deus nas alturas, paz na Terra, boa vontade para com os homens.

Depois que os anjos foram embora, os pastores saíram rapidamente à procura do Menino no local indicado. Ao chegarem à estrebaria, eles encontraram o Menino Jesus enrolado em panos e deitado na manjedoura.

Admirados, os pastores contaram a Maria e a José tudo aquilo que o anjo havia dito. Os dois ficaram cheios de alegria e guardaram essa lembrança com muito carinho.

Os pastores saíram da estrebaria muito felizes, cantando hinos alegres para louvar a Deus, pois tudo o que o anjo tinha anunciado era verdade.

Além deles, o Menino Jesus também recebeu a visita de três reis magos. Eles vieram do Oriente, seguindo uma estrela muito brilhante no céu.

Quando chegaram a Jerusalém, os magos procuraram pelo rei Herodes, para saberem melhor sobre o nascimento do Salvador. Como o rei não tinha muitas informações, ficou perturbado com a notícia, então pediu que os magos encontrassem a criança e, na volta, contassem a ele tudo o que tinham visto.

No caminho, os reis magos avistaram a estrela que haviam visto no Oriente. Ela os guiou e parou exatamente onde estava o Menino Jesus.

Ao vê-lo, eles ficaram imensamente alegres. Então, adoraram o Menino e lhe deram presentes: ouro, incenso e mirra.

Quando os reis magos voltavam para casa, Deus, por meio de um sonho, pediu a eles que não contassem nada a Herodes. Então, eles voltaram para suas terras por outro caminho.

Jesus e seus Discípulos

Deus tinha planos para o seu povo. Por isso, enviou Jesus, o Salvador, para cumprir uma importante missão: levar a Palavra de Deus às pessoas para que elas fossem salvas.

Desde criança, Jesus frequentava os templos sagrados e contava às pessoas e aos grandes mestres tudo aquilo que sabia sobre a Palavra de Deus, o que o fez crescer cheio de sabedoria.

Com o passar do tempo, Jesus viajava cada vez mais para outros lugares, a fim de cumprir sua missão. As notícias sobre Ele se espalhavam pelas cidades, e era elogiado por todos.

Certa vez, Jesus estava próximo ao Mar da Galileia rodeado por uma multidão, que queria ouvi-lo, quando avistou dois barcos. Um dos barcos era de Pedro, que estava próximo ao mar, lavando as redes. Jesus pediu para entrar no barco com ele e que se afastasse um pouco da multidão. Quando terminou sua mensagem ao povo de Deus, Ele disse a Pedro e aos outros pescadores:

– Peguem este barco, vão até o outro lado do mar e joguem as redes.

Pedro respondeu que faria o que Jesus lhe havia pedido, mas que não adiantaria, pois eles tinham trabalhado a noite inteira e não haviam conseguido pescar nada.

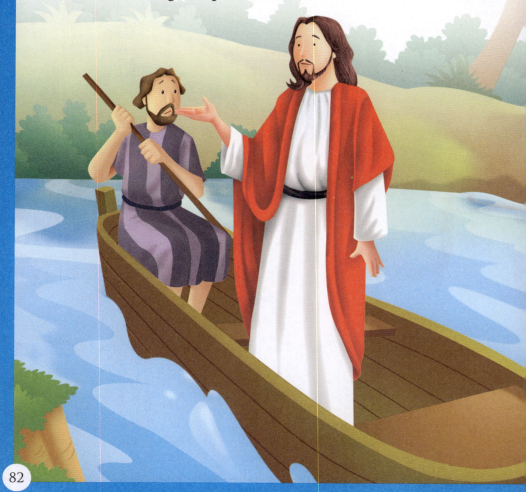

Quando os pescadores lançaram as redes, tiveram uma grande surpresa: elas tinham tantos peixes que estavam quase se arrebentando. Os pescadores precisaram até mesmo da ajuda de outros para colocarem todos aqueles peixes no barco.

Pedro e outros dois pescadores, Tiago e João, ao verem tudo aquilo, ficaram muito admirados. E Jesus disse:

– Pedro, não tenha medo. A partir de agora, você será pescador de pessoas.

Então, eles deixaram os barcos e seguiram Jesus.

Além de Pedro, Tiago e João, outras pessoas foram convidadas por Jesus para serem seus discípulos: André, Filipe, Bartolomeu, Tomé, Mateus, Tiago (filho de Alfeu), Tadeu, Simão e Judas Iscariotes.

Os discípulos de Jesus também tinham uma missão muito especial: anunciar para o maior número de pessoas as maravilhas de Deus. Eles aprenderam muito com Jesus, que os ensinava com muito amor e dedicação.

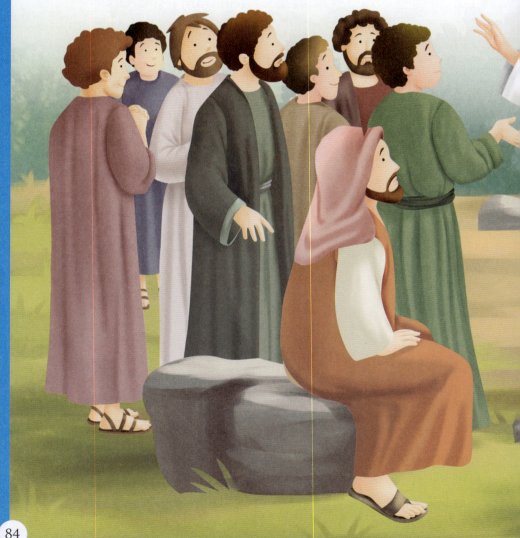

Jesus não ensinava apenas aos seus discípulos. Ele também pregava os ensinamentos de Deus ao povo: no Sermão da Montanha, por exemplo, Jesus ensinou ao povo muitas coisas importantes, como as bem-aventuranças. Ele também explicou que as pessoas devem ajudar os outros, sempre agradando a Deus e confiando n'Ele.

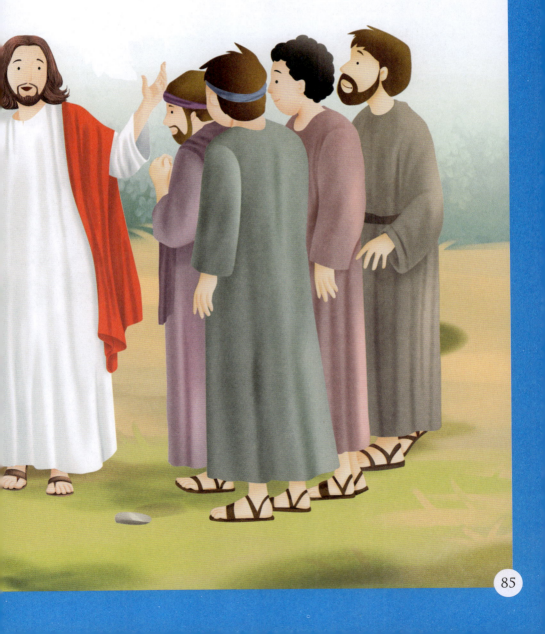

Para que o povo pudesse orar e agradecer a Deus, Jesus ensinou às pessoas a oração do Pai-Nosso:

Pai nosso, que estás nos céus,
santificado seja o teu nome;
Venha o teu reino,
seja feita a tua vontade,
assim na terra como no céu;
O pão nosso de cada dia nos dá hoje;
E perdoa-nos as nossas dívidas,
assim como nós perdoamos
aos nossos devedores;
E não nos induzas à tentação;
mas livra-nos do mal;
porque teu é o reino, e o poder,
e a glória, para sempre. Amém

Com esses ensinamentos do Sermão, Jesus queria mostrar às pessoas que elas deviam cumprir as promessas e perdoar e amar não só os amigos, mas também os inimigos.

Jesus e seus Milagres

Certo dia, Jesus estava entre muitas pessoas, quando um oficial chamado Jairo ajoelhou-se aos seus pés e pediu-lhe:
– Jesus, minha única filha está morrendo. Peço-lhe que venha comigo até a minha casa e coloque a mão sobre a minha garotinha para curá-la.

Após escutar o pedido daquele pai, Jesus e os discípulos foram visitar a menina na casa de Jairo. No meio da multidão que o seguia, havia uma mulher que sofria muito com uma doença havia 12 anos. Ela já tinha gastado muito dinheiro e ido a vários médicos, mas não se curava. A mulher acreditava que se pedisse ajuda a Jesus, Ele certamente a atenderia.

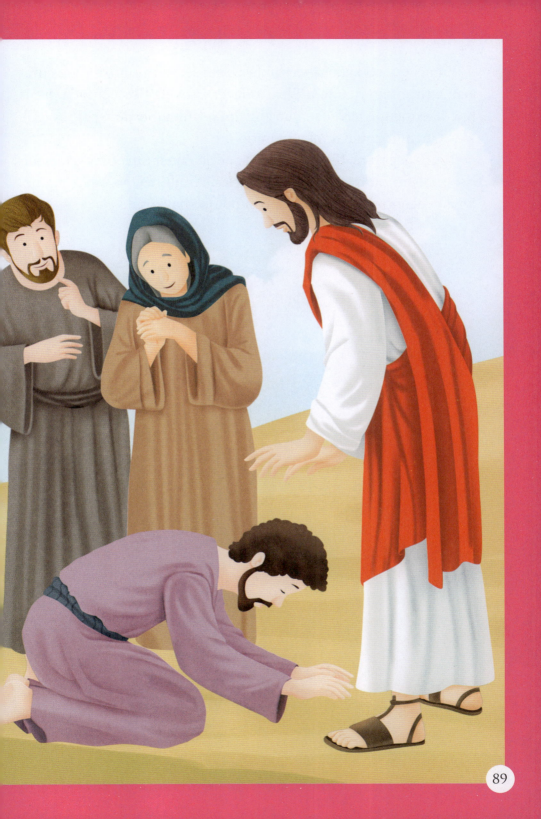

Então, quando a mulher viu Jesus em seu caminho, tomou coragem e tocou no manto d'Ele. Ao fazer isso, ela ficou curada. Jesus imediatamente percebeu que alguém o tinha tocado e perguntou:

– Quem tocou em meu manto?

Todos negaram. Pedro lembrou que qualquer um poderia ter feito isso, pois havia muitos ao redor deles. A mulher, ao ouvir aquilo, foi ao encontro de Jesus e lhe contou que havia sido ela.

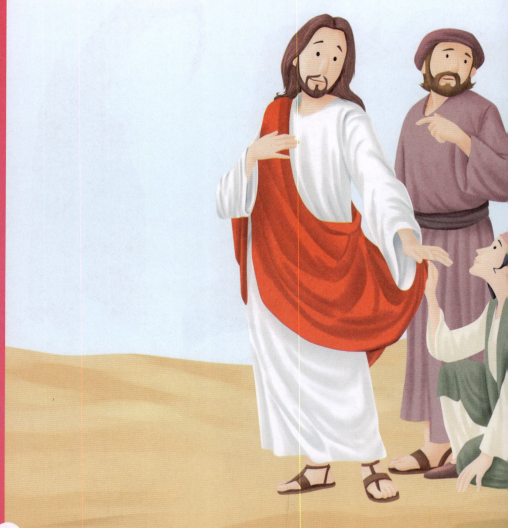

Para a surpresa de todos, ela também disse que se curou de sua doença assim que tocou em Jesus. Então, Ele lhe disse:

– Filha, você teve fé e isso a curou. Fique em paz.

Enquanto Jesus ainda conversava com a mulher, um empregado de Jairo chegou e disse:

– Jairo, sua filha está morta, não incomode mais o Mestre.

E Jesus, ao ouvir o empregado, disse a Jairo:

– Não tenha medo. Tenha fé, pois tudo ficará bem.

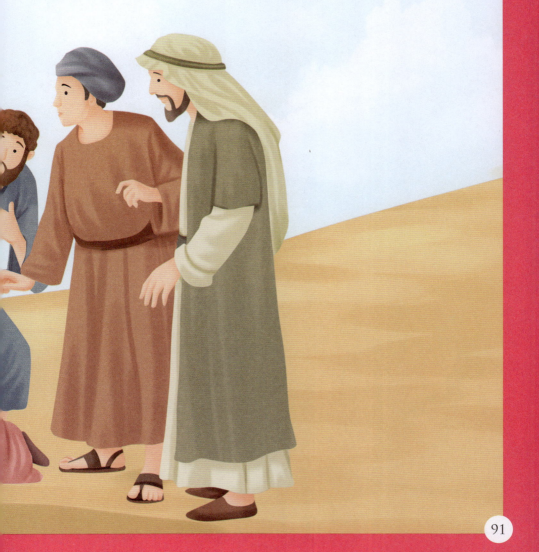

Eles chegaram à casa de Jairo e viram que todos ali lamentavam o falecimento da menina. Jesus, porém, afirmou que a menina estava apenas dormindo. Então, as pessoas começaram a rir, pois sabiam que a menina, que tinha 12 anos, já estava morta.

Assim, Jesus, seus discípulos Pedro, João e Tiago, e os pais da menina foram até o quarto onde ela estava. Ele pegou na mão dela e disse:

– Menina, levante-se!

Para a alegria e a surpresa de todos, ela se levantou. Seus pais ficaram imensamente agradecidos e muito felizes. Jairo teve muita fé e esperança, o que o ajudou naquele momento tão difícil.

Jesus partiu da casa de Jairo, e dois homens cegos o abordaram no caminho:

– Jesus, tenha pena de nós! – disse um dos homens.

O Mestre, então, perguntou:

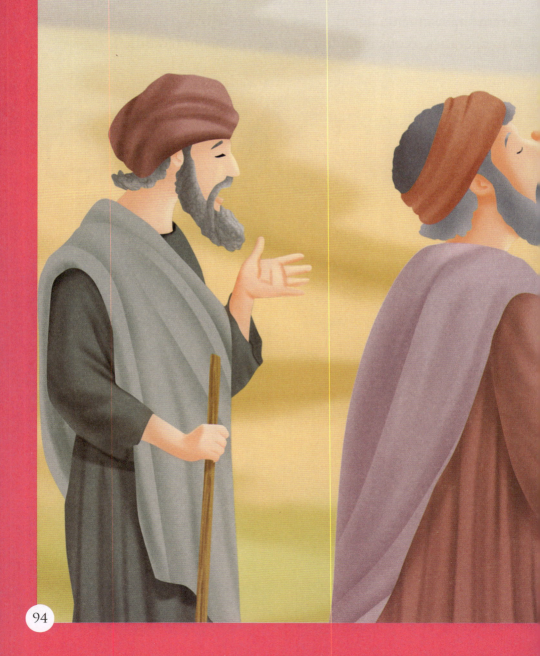

– Vocês realmente acreditam que eu posso curá-los?
– Senhor, nós cremos, sim – responderam.
 E Jesus os curou. Os dois homens tiveram fé e, por isso, passaram a enxergar novamente.

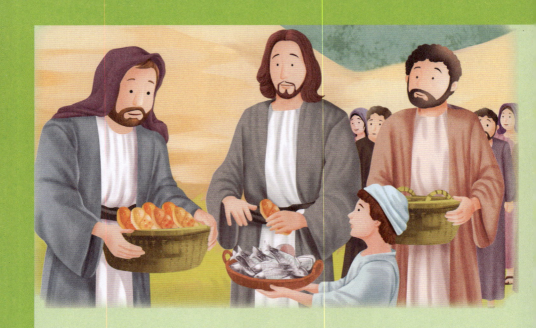

A Multiplicação dos Pães e Peixes

Jesus tinha um amigo muito especial, João Batista, que sempre anunciava a mensagem de Deus e batizava as pessoas. De todos os momentos que os dois passaram juntos, um foi muito importante. João Batista foi procurado por Jesus, que pediu-lhe para ser batizado também. Apesar de se sentir indigno de batizar o Filho de Deus, cumpriu a vontade do Mestre.

Um dia, Jesus ficou sabendo que João Batista, seu grande amigo, havia morrido. Então, resolveu ir de barco para um lugar mais tranquilo, mas não conseguiu ficar sozinho por muito tempo.

Foi então que uma grande multidão percebeu que Jesus estava partindo e começou a segui-lo. Eles queriam que Jesus os curasse, porque já o tinham visto curando muitos doentes.

Quando Jesus notou que aquelas pessoas o seguiam, Ele não as mandou embora, pois teve compaixão delas. Ele curou os doentes que estavam ali e transmitiu uma mensagem de amor e paz a todos.

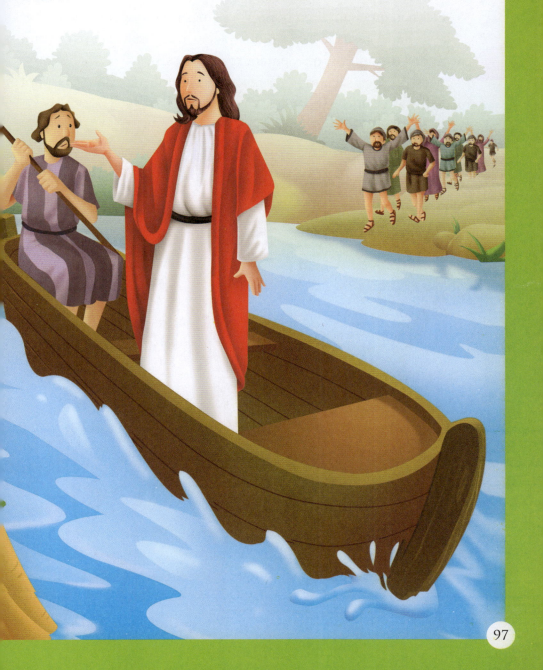

Então, o Sol se pôs, e os discípulos disseram a Jesus:

– Mestre, já é tarde. Peça a eles que vão para casa ou que procurem algum povoado próximo e consigam comida.

Havia ali aproximadamente 5 mil homens. Jesus respondeu:

– Eles não precisam ir embora. Vocês mesmos podem alimentá-los.

Na verdade, Jesus já sabia o que fazer, mas disse isso para ver a reação dos discípulos, que, então, responderam:

– Mestre, precisaríamos de mais de 200 moedas de prata para conseguir alimento para todos.

E Jesus, ao ouvir aquilo, perguntou aos discípulos:
– Quantos pães vocês têm? Verifiquem.
Logo, André, irmão de Pedro, respondeu:
– Encontramos um menino que tem cinco pães e dois peixes. Mas isso é pouco para tanta gente.

Jesus pediu que o povo se sentasse na grama. Todos se sentaram em grupos grandes. Em seguida, Jesus pegou os cinco pães e os dois peixes, olhou para o céu e agradeceu a Deus por aquele alimento. Depois disso, repartiu os pães e os peixes e pediu que os discípulos os distribuíssem ao povo.

Todos comeram e ficaram satisfeitos, e ainda sobraram 12 cestos cheios.

Aquele não foi o único momento em que Jesus alimentou uma grande quantidade de pessoas. Certa vez, Ele foi para o Mar da Galileia. As pessoas que o acompanhavam já estavam com Ele havia três dias, e ninguém tinha o que comer. Então, Jesus disse aos seus discípulos:

– Não quero que essa gente vá embora sem ter o que comer. Se isso acontecer, eles podem até cair de fraqueza, pois muitos deles vieram de longe.

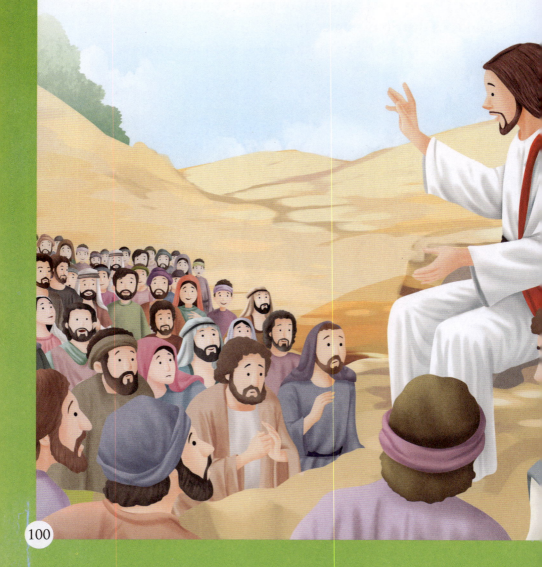

Então, os discípulos questionaram:

– Mas o que podemos fazer? Onde iremos encontrar comida para tanta gente?

Jesus perguntou:

– Quantos pães vocês têm?

E eles responderam:

– Apenas sete pães e alguns peixes.

Jesus pediu a todos que se sentassem no chão, pegou os pães e os peixes e deu graças a Deus. Em seguida, repartiu o alimento, e, novamente, uma multidão de 4 mil pessoas se alimentou. Todos ficaram satisfeitos, e os discípulos ainda recolheram sete cestos do alimento que havia sobrado. As pessoas que viram esse milagre ficaram admiradas e disseram:

– Ele é mesmo o enviado de Deus!

Depois disso, Jesus pediu que todos voltassem para as suas casas. E Ele seguiu para outra região.

O Filho Perdido

Certa vez, Jesus, reunido com seus discípulos e seus seguidores, contou a seguinte parábola:

"Um homem muito rico tinha dois filhos. Um dia, o filho mais jovem cansou-se da vida que levava com seu pai e seu irmão e resolveu pedir ao pai sua parte da herança. O pai concordou com o pedido e repartiu seus bens igualmente entre os dois filhos.

Logo que recebeu o dinheiro, o jovem arrumou suas malas, pegou tudo que lhe pertencia e partiu para um país bem distante. Ele pensou que, tendo dinheiro e morando longe de sua família, seria muito mais feliz. Mas será que foi isso o que realmente aconteceu?

Após muitos dias de viagem, o jovem finalmente chegou ao país onde queria morar. Lá, conheceu muitas pessoas que diziam ser suas amigas, fez muitas festas e também fez muitas coisas que não eram corretas aos olhos de Deus. Ele não foi responsável com os bens que possuía. Pouco tempo depois, não tinha sequer um tostão no bolso. Então, lembrou-se das diversas pessoas que tinha conhecido quando chegou, mas elas, que sempre estavam presentes em suas festas, desapareceram. De repente, ele se viu sozinho, sem casa, sem dinheiro e até sem ter o que comer.

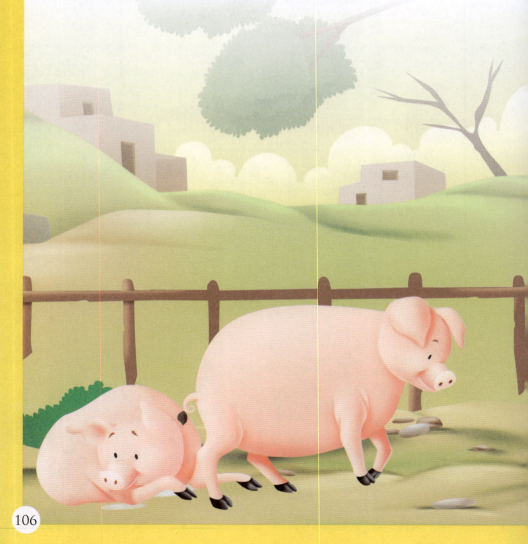

O jovem, sem muitas alternativas, pediu ajuda a um morador local, que lhe deu emprego em sua fazenda. A função do jovem era cuidar dos porcos. A fome que ele sentia era tanta, que ele até sentia vontade de comer a comida desses animais. Mas nem isso lhe era dado. Enquanto cuidava dos bichos, ele começou a pensar que estava ali, morrendo de fome, querendo se alimentar da comida dos porcos, enquanto os empregados de seu pai comiam com fartura. Então, ele decidiu que voltaria para casa e diria ao seu pai que havia pecado contra Deus e contra ele e que queria ser aceito como um de seus empregados, pois sabia que não merecia mais ser chamado de filho.

Logo, o jovem seguiu viagem de volta para a casa do pai. Quando eles se encontraram, o pai o recebeu com um beijo e um forte abraço. O filho, arrependido, disse:

– Pai, eu pequei contra Deus e contra o senhor. Não mereço que você me chame de filho!

Para a surpresa do jovem, o pai ordenou que trouxessem a melhor roupa, sandálias e até um anel para o filho. E também ordenou:

– Façam um banquete, preparem o melhor bezerro. Hoje é dia de festa. Temos motivo para comemorar, porque meu filho estava perdido e foi encontrado.

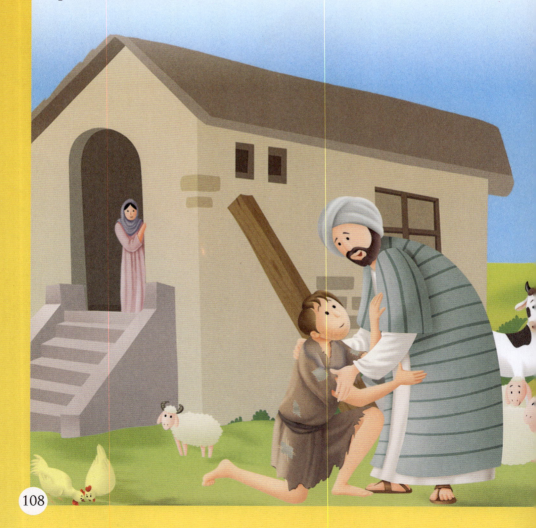

O filho mais velho ainda não sabia do retorno do irmão, pois estava no campo trabalhando. Quando ele chegou perto de casa, ouviu a música tocando e o barulho de pessoas rindo e dançando. Então, ele aproximou-se de um empregado e lhe perguntou:

– O que está acontecendo por aqui?

O empregado prontamente respondeu:

– A casa está em festa porque o seu irmão voltou. Seu pai até mandou preparar um bezerro gordo.

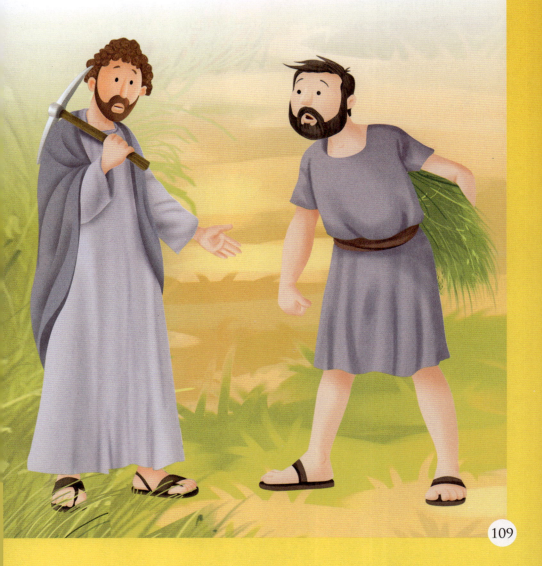

O filho mais velho ficou muito chateado e nem quis entrar para participar da comemoração. Seu pai lhe pediu que entrasse, mas ele respondeu:

– Pai, faz tantos anos que trabalho aqui para o senhor, e jamais o desrespeitei, e sempre lhe obedeci. Mesmo assim, o senhor nunca me ofereceu sequer um cabrito para eu festejar com meus amigos. Entretanto, o meu irmão, que desperdiçou todo o dinheiro que recebeu da herança, volta, e o senhor o recebe com festa?

O pai lhe disse:

– Meu filho, você sempre esteve comigo e tudo o que é meu também é seu. Fiz esta festa para mostrar a nossa alegria, porque o seu irmão estava morto e reviveu; estava perdido e foi achado."

Com essa parábola, Jesus mostrou àquelas pessoas e aos discípulos o quanto Deus ama seus filhos. E quando eles erram e se arrependem, Deus está sempre pronto para perdoá-los.

A Última Ceia

Durante alguns anos, Jesus pregou a Palavra de Deus em vários lugares, ensinou muitas coisas por meio das parábolas e fez muitos milagres. Tudo isso para que as pessoas acreditassem que Ele havia sido enviado por Deus e também se arrependessem dos pecados que haviam cometido. Muitos acreditaram em Jesus e tornaram-se seus seguidores. No entanto, algumas pessoas não gostavam nem um pouco de seus feitos.

Certa vez, os fariseus e os chefes dos sacerdotes reuniram-se em segredo e bolaram um plano para prender e matar Jesus. Eles decidiram que tudo aconteceria após a festa dos pães sem fermento, também conhecida como Páscoa.

Porém, o que muitos não esperavam era que Jesus fosse traído por um de seus discípulos: Judas Iscariotes, que foi negociar com os chefes dos sacerdotes e, por 30 moedas de prata, aceitou entregar Jesus a eles.

O dia da festa dos pães sem fermento chegou. Nessa data, os israelitas comemoravam a libertação do seu povo no Egito.

Ao encontrar Pedro e João, Jesus passou as seguintes instruções:

– Vão até a cidade e preparem o nosso jantar de Páscoa.

Jesus explicou onde e como eles deveriam preparar tudo. À noite, Cristo e os 12 discípulos foram até o local em que o jantar havia sido preparado. Todos se sentaram à mesa e, no meio do jantar, Jesus declarou:

– Eu afirmo que um de vocês me trairá.

Os discípulos se entreolharam e, em seguida, negaram qualquer tipo de traição. Após essa declaração, Jesus pegou o pão, agradeceu a Deus e, ao reparti-lo, afirmou:

– Peguem-no e comam-no, pois isto é o meu corpo.

Em seguida, Jesus pegou o cálice de vinho, agradeceu a Deus e, passando-o a todos os discípulos, disse:

– Bebam, pois este é o meu sangue, que é derramado em favor de todos vocês. Façam isso em minha memória.

Quando finalizaram a ceia, todos foram para o Monte das Oliveiras. E aquela foi a última ceia de Jesus com seus discípulos antes de ser preso, julgado e crucificado.

No caminho para o Monte, Jesus disse a Pedro:

– Nesta mesma noite, antes que o galo cante, você negará por três vezes que me conhece.

Pedro, muito surpreso com as palavras do Mestre, respondeu:

– Eu jamais direi que não conheço o Senhor, mesmo que para isso tenha de morrer.

Os outros discípulos, que ouviram o que Jesus dissera, também falaram a mesma coisa. Ao chegarem ao Monte das Oliveiras, Jesus afastou-se dos discípulos para orar a Deus. Quando voltou, encontrou-os dormindo em vez de vigiarem. Isso aconteceu três vezes.

Então, Jesus os repreendeu porque estavam dormindo. Em seguida, Judas chegou acompanhado de algumas pessoas e soldados armados, prontos para prenderem Jesus. O traidor tinha combinado que beijaria aquele que deveria ser preso, e foi isso o que aconteceu:

– Mestre! – disse Judas ao ver Jesus.
Em seguida, Judas beijou Jesus, que foi preso e levado para a casa do grande sacerdote, onde foi interrogado por várias pessoas que queriam uma prova contra Ele para condená-lo à morte. Pedro, que tinha seguido Jesus, ficou no pátio para ver o que iria acontecer. Quando uma das empregadas do grande sacerdote perguntou se ele conhecia Jesus, Pedro negou. Perguntaram-lhe mais duas vezes e ele continuou negando. Foi então que o galo cantou, e Pedro lembrou-se do que o Mestre lhe havia dito, e chorou muito.

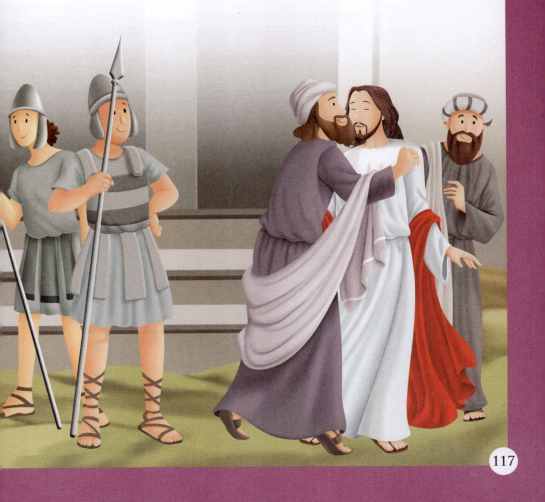

Quando amanheceu, Jesus foi levado a Pilatos, o governador. Os chefes dos sacerdotes continuavam acusando Jesus, pois queriam que Ele fosse morto de qualquer maneira.

Pilatos interrogou Jesus, mas não encontrou nada que o condenasse à morte.

Na festa da Páscoa, era costume soltar um dos presos, a pedido do povo. Jesus e um homem chamado Barrabás estavam presos, mas a multidão que acompanhava o julgamento pedia que Pilatos soltasse Barrabás, que tinha cometido um crime bárbaro. Então, o governador perguntou:

– Quem eu devo soltar?

E o povo gritava:
– Barrabás, Barrabás!
– E o que querem que eu faça com Jesus? – perguntou o governador.
– Crucifique-o! Crucifique-o!
Assim, Pilatos, para atender à vontade do povo, entregou Jesus para que fosse crucificado.

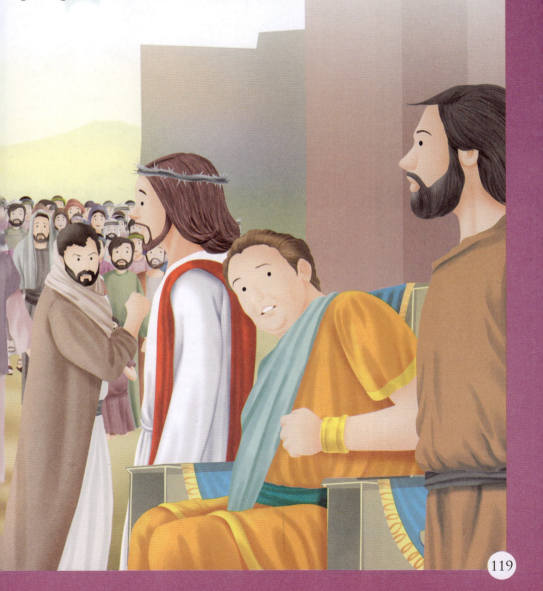

Morte e Ressurreição de Cristo

Jesus foi condenado a morrer crucificado, sem ter cometido nenhum crime. Tudo isso aconteceu para que fosse cumprido o que Deus tinha planejado: enviar Jesus para salvar a humanidade de todos os pecados.

Quando levaram Jesus ao pátio do palácio, os soldados zombaram muito d'Ele e o agrediram. Ele foi pregado em uma cruz e puseram n'Ele uma coroa de espinhos. Na parte de cima da cruz, foi colocada a inscrição INRI, que significa "Jesus Nazareno, rei dos judeus".

Jesus foi crucificado ao lado de dois ladrões, e um deles também caçoava do Mestre e pedia a Ele que se salvasse, já que era o filho de Deus.

Jesus morreu, mas, enquanto conviveu com os discípulos, disse muitas vezes a eles que morreria e que ressuscitaria em três dias. Assim, todos saberiam que era realmente o Filho de Deus.

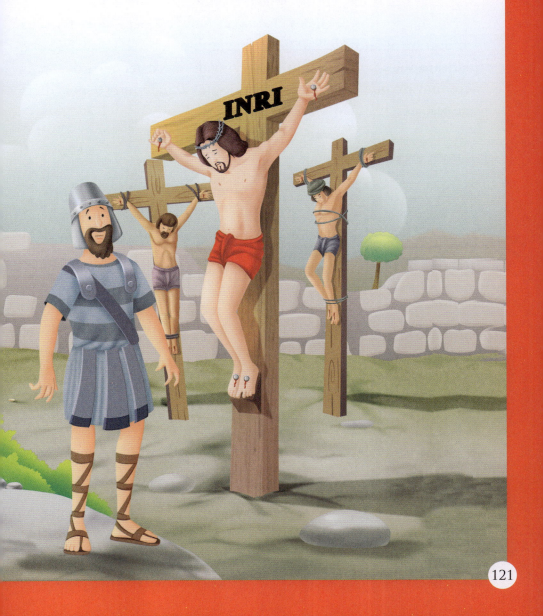

Depois que Jesus morreu, José, um importante homem de Arimateia, encontrou-se com Pilatos e pediu o corpo de Jesus para sepultá-lo.

E assim aconteceu: José enrolou o corpo de Cristo em um lençol de linho e o colocou no túmulo. Logo em seguida, colocou uma grande pedra na entrada. Maria Madalena, seguidora de Jesus, e Maria, a mãe d'Ele, viram onde o corpo tinha sido colocado.

No dia seguinte, chefes dos sacerdotes e líderes dos fariseus lembraram Pilatos do que Jesus havia dito sobre a ressurreição e pediram-lhe que o túmulo fosse vigiado até o terceiro dia, pois acreditavam que o corpo seria levado por alguém que depois diria que Jesus estava vivo.

No domingo bem cedo, as mulheres saíram para visitar o túmulo. Quando se aproximaram, viram que a grande pedra já tinha sido removida e que não havia mais nada ali.

De repente, dois anjos apareceram e disseram:

– Vocês procuram por Jesus? Mas por que procuram entre os mortos aquele que está vivo? Ele não está aqui, pois ressuscitou. Vejam o túmulo vazio.

As mulheres foram embora apressadamente, pois, apesar de contentes com a notícia, ficaram muito assustadas. Por fim, quando se encontraram com os demais discípulos, elas contaram tudo a eles, que não acreditaram.

Naquele mesmo dia, dois discípulos de Jesus estavam indo para um povoado chamado Emaús. Enquanto caminhavam e falavam sobre tudo o que tinha acontecido nos últimos dias, Cristo aproximou-se deles e começou a conversar. Os seguidores não o reconheceram imediatamente.

Ao chegarem perto de Emaús, eles convidaram Jesus para passar a noite por lá, pois já era tarde. Ele aceitou e, quando os três estavam sentados à mesa, Jesus pegou o pão, agradeceu a Deus, repartiu-o e distribuiu-o aos discípulos. Naquele momento, eles o reconheceram, mas Jesus já havia ido embora.

Rapidamente, os discípulos voltaram para contar aos outros que Jesus realmente tinha ressuscitado.

Enquanto os discípulos contavam toda a história, Jesus surgiu diante deles e disse:

– Que a paz esteja com todos vocês!

Os discípulos ficaram muito assustados e até pensaram que estavam diante de um fantasma. Então, Jesus lhes indagou:

– Por que estão com medo? Por que duvidam que eu tenha ressuscitado? Vejam em minhas mãos e em meus pés as marcas da crucificação. Tragam-me algo para comer.

Então, levaram um pedaço de peixe, e Jesus se alimentou.

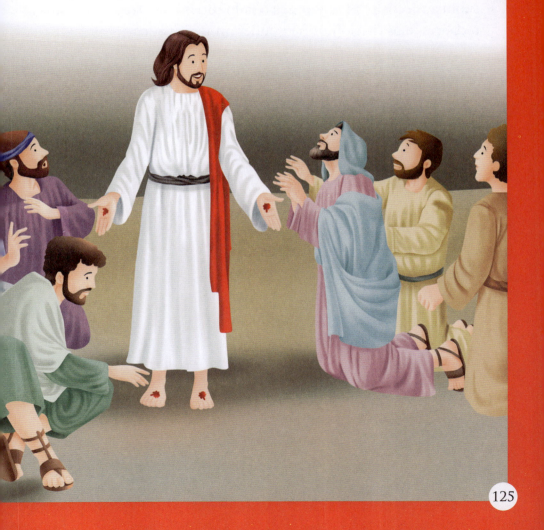

Em seguida, Jesus disse:

– Enquanto eu estava com vocês, contei tudo o que iria acontecer comigo e quais eram os planos de Deus. Portanto, de agora em diante, vocês serão as minhas testemunhas.

Os discípulos entenderam tudo o que Jesus havia dito e acreditaram que Ele estava vivo. Jesus ficou entre seus discípulos durante vários dias.

Cristo levou os discípulos para o povoado de Betânia, onde os abençoou e pediu que levassem a mensagem de Deus a todos os povos, começando por Jesuralém. Enquanto os abençoava, Jesus subiu aos céus para sentar-se ao lado direito de Deus. Uma nuvem o cobriu, e os discípulos não puderam mais vê-lo.

De repente, dois anjos vestidos de branco apareceram diante deles e disseram:

– Por que vocês ainda estão olhando para o céu? Jesus, que estava com vocês e foi levado aos céus, voltará da mesma maneira que vocês o viram subir.

Os seguidores de Jesus voltaram para Jerusalém repletos de alegria e, por muito tempo, permaneceram no templo louvando a Deus.

E, assim, todo o plano de Deus foi cumprido: Jesus nasceu, cresceu, pregou a Palavra do Senhor a muitas pessoas, foi crucificado para que os pecados de todos fossem perdoados e ressuscitou após o terceiro dia.

Deus criou os céus, a terra e tudo o que existe.

Ele é poderoso e muito bondoso. Ele ama as crianças, os jovens, os adultos e os idosos, e cuida de todos. O Senhor é capaz de fazer maravilhas.

Jesus, o Filho de Deus, curou as pessoas e realizou milagres, sempre falando do amor de Deus.

Jesus é nosso melhor amigo e está sempre ao nosso lado.

Para agradar a Deus e a Jesus, basta respeitar as pessoas, cuidar da natureza, ser gentil e louvar ao Senhor.

Deus nos ama, e é bom amar a Deus.

Vamos juntos louvar ao Senhor!

> Louvai ao Senhor, porque Ele é bom,
> porque a sua benignidade é para sempre.
> Salmo 107:1